# JERARQUIAS CELESTES

**Sonia Helena Hidalgo Zurita**

JERARQUIAS CELESTES

ISBN papel: **9798477058815**
ISBN pdf:

Impreso en España
Editado por self publishing.

*Dedicatoria*

Dedico este libro a todas aquellas personas maravillosas que han pasado por mi vida y han dejado bonitas impresiones en mi alma, han modificado mi forma de ser, también a aquellas que me criticaron, me defraudaron, me dieron las espaldas o me hirieron ya que ellos fueron mis mejores maestros, de ellos aprendí a no cometer errores, a perdonar y a olvidar.

Mi principal agradecimiento es al Creador a mi Dios, ya que solo a El le debo todos mis conocimientos.

# Índice

# INTRODUCCIÓN

El creador a puesto a nuestra disposición ayudas invisibles llamadas ángeles que, por ser muy sutiles e invisibles a nuestro ojo, no nos percatamos de su presencia, pero están allí, esperando que les pidamos nuestra ayuda.

La palabra "ángel", derivada del griego "Angelos", significa "mensajero". Contienen los programas de la Creación, que harán posible que nuestros deseos se hagan manifiestos. Ellos hacen posible la comunicación entre el Creador y nosotros. Por esa misma razón ¿por qué motivo no habría que buscarlos y pedir la ayuda que necesitamos?

Los ángeles se comunican con los humanos de un modo directo, no verbal de dos modos: interiormente mediante corazonadas, intuición, sueños y exteriormente con señales, noticias, incluso ayudándonos a salir de alguna situación de peligro; cuantos casos hay de personas que han salido ilesas de un accidente y se ha comentado: tu ángel guardián te ha protegido.

Los Arcángeles más conocidos son 4: Michael, Gabriel, Raphael y Uriel, sin embargo, existen miles de millones de ángeles conformando las huestes celestiales, no se sabe exactamente cuántos son, solo conocemos varios de sus nombres contenidos en la Biblia o en escritos antiguos como el libro del Ángel Raziel, el libro de Henoch, y varios escritos de sabios de todas las épocas. En mi libro "El Telescopio de Zoroastro", hay una lista completa tanto de ángeles solares como lunares, se puede leer que cada número del 1 al 99 está representado por un ángel.

Debemos saber que existen jerarquías celestes, cada una tiene un nombre, y se conocen 9 divisiones o grupos de ángeles llamados coros, estos tienen que ver con la posición que ocupan en el árbol de la vida cabalístico.

Para este manual y mis otros libros: "Los 72 Nombres de Dios" y "Los secretos del cielo", he confeccionado cartas con los 72 Nombres de Dios en Hebreo para ser utilizadas para la meditación, cada carta contiene el Nombre del Ángel, su número y simbología, dentro de 2 círculos se encuentra una estrella de David con el Nombre de Dios. El color de los círculos se refiere a las esferas a que cada Ángel pertenece; el color del marco de la carta tiene que ver con el elemento al que pertenece de acuerdo con el signo zodiacal, este puede ser fuego (rojo), agua (azul), aire (amarillo) y tierra (verde). Son en total 72 cartas más 10 cartas con los Nombres en hebreo de los regentes de cada coro.

Estas cartas están diseñadas exclusivamente para meditar y aprender los Nombres sagrados en hebreo, no han sido creadas para la adivinación.

Y dicho este invito al lector a disfrutar del conocimiento en este compendio, espero sea ameno y que se pueda comprender fácilmente, ya que ese era precisamente mi propósito.

Gracias por leer mis páginas, consultar mis otros libros, al final hay una lista de estos.

# Capítulo 1

## ¿QUE SON LOS ÁNGELES?

Los 72 ángeles son energías llamadas también inteligencias cósmicas, son seres celestiales que fueron creados en la fundación del mundo, son energías inteligentes a disposición del hombre y actúan como mediadores entre el hombre y el creador, se encargan de hacer llegar al padre nuestras plegarias. Para llamarlos necesitamos de la oración, ellos están dispuestos a socorrernos y asistirnos.

Están agrupados en 9 coros Angélicos, formados cada uno de ellos por 8 Rostros Divinos. 9 x 8= 72. Estos 72 Genios tienen para cada día un programa determinado, llamado morada filosofal correspondiente a cierta energía.

Cada ángel tiene 5 días de regencia en el año, y en el día actúa por 20 minutos. En el período que actúa el ser celeste, es dónde su fuerza está más activa y es cuando podemos meditar en su nombre y pedirle lo que necesitemos para que se resuelvan nuestros asuntos, ellos son capaces de prestarnos la ayuda solicitada debido al libre juego de fuerzas naturales en el Universo.

En el círculo zodiacal cada genio ocupa 5° de actuación. (Cada grado corresponde a un día). El primer genio es **Vehuyá,** su período de actuación va desde el 21 al 25 de Marzo en Aries y de 0º a 5°, el siguiente genio comienza a actuar el 26 de Marzo y termina su influencia el 30 del mismo mes, se cuentan 5 días (grados) para cada genio hasta completar la rueda de 360° del año.

Los 72 Nombres se encuentran en **Éxodo 14**: 19, 20 y 21. Cada versículo se compone de 72 letras hebreas. Cada uno de los 72 nombres de Dios está formado de 3 letras hebreas y si a estos 72 Nombres se le añade al final la terminación: AH o El, obtenemos los nombres de los ángeles.

El lector encontrará en este pequeño manual, el número del Genio, su nombre en Hebreo, las horas y las fechas en que actúa y cuando es más propicio hacerle una petición; el salmo con el que se activa su poder y las virtudes y ayudas que nos puede brindar. El nativo puede invocarlo a cualquier hora o día, ya que él es el ángel guardián personal.

Este manual incluye las 72 imágenes o cartas con los nombres de los ángeles y 10 imágenes con los nombres de los regentes de cada esfera celeste o Sephirot. Estas cartas fueron creadas para meditar. Si alguien desea saber mas sobre estos seres celestes le recomiendo mis libros: "Los 72 Nombres de Dios" y "Los secretos del cielo".

**COMO INVOCAR LOS NOMBRES DE DIOS**

Se inicia diciendo: "***En el nombre de Dios, por el que todo es posible"***; luego se recita el versículo del Salmo correspondiente.

A continuación, se pronuncia tres veces el nombre de la inteligencia, observando las letras hebreas que lo forman. Se hace la petición apropiada de manera sencilla como si estuviera dirigiéndose a su propio padre y finalmente se agradece.

# LOS GENIOS Y SU PERIODO DE ACTUACIÓN

| N. | GENIO | GRADOS | HORAS | DIAS | GRADOS EN SIGNO |
|---|---|---|---|---|---|
| 1 | Vehuiah | 00 - 05 | 0:0 - 0:20 | 21 - 25 Marzo | 0 - 5 ARIES |
| 2 | Yeliel | 05 - 10 | 0:20 - 0:40 | 26 - 30 Marzo | 6 - 10 ARIES |
| 3 | Sitael | 15 - 20 | 0:40 - 1:00 | 31 Mar.-4 Abril | 11 - 15 ARIES |
| 4 | Elemiah | 16 - 20 | 1:00 - 1:20 | 5 - 9 Abril | 16 - 20 ARIES |
| 5 | Mahasiah | 21 - 25. | 1:20 - 1:40 | 10 - 15 Abril | 21 - 25 ARIES |
| 6 | Lelahel | 26 - 30 | 1:40 - 2:00 | 16 - 20 Abril | 26 - 30 ARIES |
| 7 | Achaiah | 31 - 35 | 2:00 - 2:20 | 21 - 25 Abril | 0 - 5 TAURO |
| 8 | Cahetel | 36 - 40 | 2:20 - 2:40 | 26 - 30 Abril | 6 - 10 TAURO |
| 9 | Haziel | 41 - 45 | 2:40 - 3:00 | 1 - 5 Mayo | 11 - 15 TAURO |
| 10 | Aladiah | 46 - 50 | 3:00 - 3:20 | 6 - 11 Mayo | 16 - 20 TAURO |
| 11 | Lauviah | 51 - 55 | 3:20 -3:40 | 12 - 16 Mayo | 21 - 25 TAURO |
| 12 | Hahaiah | 56 - 60 | 3:40 - 4:00 | 17 - 21 Mayo | 26 - 30 TAURO |
| 13 | Ezalel | 61 - 65 | 4:00 - 4:20 | 22 - 26 Mayo | 0 - 5 GEMINIS |
| 14 | Mebael | 66 - 70 | 4:20 - 4:40 | 27 - 31 Mayo | 6 - 10 GEMINIS |
| 15 | Hariel | 71 - 75 | 4:40 - 5:00 | 1 - 6 Junio | 11 - 15 GEMINIS |
| 16 | Hekamiah | 76 - 80 | 5:00 - 5:20 | 7 - 11 Junio | 16 - 20 GEMINIS |
| 17 | Lauviah | 81 - 85 | 5:20 - 5:40 | 12 - 16 Junio | 21 - 25 GEMINIS |
| 18 | Caliel | 86 - 90 | 5:40 - 6:00 | 17 - 21 Junio | 26 - 30 GEMINIS |
| 19 | Leuviah | 91 - 95 | 6:00 - 6:20 | 22 - 27 Junio | 0 - 5 CÁNCER |
| 20 | Pahaliah | 96 - 100 | 6:20 - 6:40 | 28 Jun-2 Julio | 6 - 10 CÁNCER |
| 21 | Nelkhael | 101 - 105 | 6:40 - 7:00 | 3 - 7 Julio | 11 - 15 CÁNCER |
| 22 | Yeiayel | 106 - 110 | 7:00 - 7:20 | 8 - 12 Julio | 16 - 20 CÁNCER |
| 23 | Melahel | 111 - 115 | 7:20 - 7:40 | 13 - 18 Julio | 21 - 25 CÁNCER |
| 24 | Haheuiah | 116 - 120 | 7:40 - 8:00 | 19 - 23 Julio | 26 - 30 CÁNCER |
| 25 | Nith-haiah | 121 - 125 | 8:00 - 8:20 | 24 - 28 Julio | 0 - 5 LEO |
| 26 | Haaiah | 126 - 130 | 8:20 -8:40 | 29 Jul-2 Agos. | 6 - 10 LEO |
| 27 | Yerathel | 131 - 135 | 8:40 - 9:00 | 3 - 7 Agosto | 11 - 15 LEO |
| 28 | Seheiah | 136 - 140 | 9:00 - 9:20 | 8 - 13 Agosto | 16 - 20 LEO |
| 29 | Reiyel | 141 - 145 | 9:20 - 9:40 | 14 - 18 Agosto | 21 - 25 LEO |
| 30 | Omael | 146 - 150 | 9:40 -10:00 | 19 - 23 Agosto | 26 - 30 LEO |
| 31 | Lecabel | 151 - 155 | 10:00-10:20 | 24 - 28 Agosto | 0 - 5 VIRGO |
| 32 | Vasariah | 156 - 160 | 10:20-10:40 | 29 Agos - 2 Sept. | 6 - 10 VIRGO |
| 33 | Yehuiah | 161 - 165 | 10:40-11:00 | 3 - 8 Sept. | 11 - 15 VIRGO |
| 34 | Lehahiah | 166 - 170 | 11:00-11:20 | 9 - 13 Sept. | 16 - 20 VIRGO |
| 35 | Javakiah | 171 - 175 | 11:20-11:40 | 14 - 18 Sept. | 21 - 25 VIRGO |
| 36 | Menadel | 176 - 180 | 11:40-12:00 | 19 - 23 Sept. | 26 - 30 VIRGO |

| N. | GENIO | GRADOS | HORAS | DIAS | GRADOS EN SIGNO |
|---|---|---|---|---|---|
| 37 | Aniel | 181 - 185 | 12:00-12:20 | 24 - 28 Sept. | 0 - 5 LIBRA |
| 38 | Haamiah | 186 - 190 | 12:20-12:40 | 29 Sep - 3 Oct. | 6 - 10 LIBRA |
| 39 | Rehael | 191 - 195 | 12:40-13:00 | 4 - 8 Octubre | 11 - 15 LIBRA |
| 40 | Yeiazel | 196 - 200 | 13:00-13:20 | 9 - 13 Octubre | 16 - 20 LIBRA |
| 41 | Hahahel | 201 - 205 | 13:20-13:40 | 14 - 18 Octubre | 21 - 25 LIBRA |
| 42 | Mikael | 206 - 210 | 13:40-14:00 | 19 - 23 Octubre | 26 - 30 LIBRA |
| 43 | Veuliah | 211 - 215 | 14:00-14:20 | 24 - 28 Octubre | 0 - 5 ESCORPIO |
| 44 | Ylahiah | 216 - 220 | 14:20-14:40 | 29 Oct- 2 Nov. | 6 - 10 ESCORPIO |
| 45 | Sealiah | 221 - 225 | 14:40-15:00 | 3 - 7 Nov. | 11 - 15 ESCORPIO |
| 46 | Arial | 226 - 230 | 15:00-15:20 | 8 - 12 Nov. | 16 - 20 ESCORPIO |
| 47 | Asaliah | 231 - 235 | 15:20-15:40 | 13 - 17 Nov. | 21 - 25 ESCORPIO |
| 48 | Mihael | 236 - 240 | 15:40-16:00 | 18 - 22 Nov. | 26 - 30 ESCORPIO |
| 49 | Vehuel | 241 - 245 | 16:00-16:20 | 23 - 27 Nov. | 0 - 5 SAGITARIO |
| 50 | Daniel | 246 - 250 | 16:20-16:40 | 28 Nov.-2 Dic. | 6 - 10 SAGITARIO |
| 51 | Hahasiah | 251 - 255 | 16:40-17:00 | 3 - 7 Dic. | 11 - 15 SAGITARIO |
| 52 | Ymamiah | 256 - 260 | 17:00-17:20 | 8 - 12 Dic. | 16 - 20 SAGITARIO |
| 53 | Nanael | 261 - 265 | 17:20-17:40 | 13 - 17 Dic. | 21 - 25 SAGITARIO |
| 54 | Nithael | 266 - 270 | 17:40-18:00 | 18 - 22 Dic. | 26 - 30 SAGITARIO |
| 55 | Mebahiah | 271 - 275 | 18:00-18:20 | 23 - 27 Dic. | 0 - 5 CAPRICOR. |
| 56 | Poyel | 276 - 280 | 18:20-18:40 | 28 - 31 Dic. | 6 - 10 CAPRICOR. |
| 57 | Nemamiah | 281 - 285 | 18:40-19:00 | 1 - 5 Enero | 11 - 15 CAPRICOR. |
| 58 | Yeialel | 286 - 290 | 19:00-19:20 | 6 - 10 Enero | 16 - 20 CAPRICOR. |
| 59 | Harahel | 291 - 295 | 19:20-19:40 | 11 - 15 Enero | 21 - 25 CAPRICOR. |
| 60 | Mitzrael | 296 - 300 | 19:40-20:00 | 16 - 20 Enero | 26 - 30 CAPRICOR. |
| 61 | Umabel | 301 - 305 | 20:00-20:20 | 21 - 25 Enero | 0 - 5 ACUARIO |
| 62 | Yah-hel | 306 - 310 | 20:20-20:40 | 26 - 30 Enero | 6 - 10 ACUARIO |
| 63 | Anauel | 311 - 315 | 20:40-21:00 | 31 Ene.- 4 Feb. | 11 - 15 ACUARIO |
| 64 | Mehiel | 316 - 320 | 21:00-21:20 | 5 - 9 Febrero | 16 - 20 ACUARIO |
| 65 | Damabiah | 321 - 325 | 21:20-21:40 | 10 - 14 Febrero | 21 - 25 ACUARIO |
| 66 | Nanakel | 326 - 330 | 21:40-22:00 | 15 - 19 Febrero | 26 - 30 ACUARIO |
| 67 | Eyael | 331 - 335 | 22:00-22:20 | 20 - 24 Febrero | 0 - 5 PISCIS |
| 68 | Habuhiah | 336 - 340 | 22:20-22:40 | 25 Feb. - 1 Mar. | 6 - 10 PISCIS |
| 69 | Rochel | 341 - 345 | 22:40-23:00 | 2 - 6 Marzo | 11 - 15 PISCIS |
| 70 | Yabamiah | 346 - 350 | 23:00-23:20 | 7 - 11 Marzo | 16 - 20 PISCIS |
| 71 | Haiaiel | 351 - 355 | 23:20-23:40 | 12 a 16 Marzo | 21 - 25 PISCIS |
| 72 | Mumiah | 356 - 360 | 23:40-24:00 | 17 - 21 Marzo | 26 - 30 PISCIS |

# ICONOGRAFÍA DE LOS REGENTES DE LAS ESFERAS.

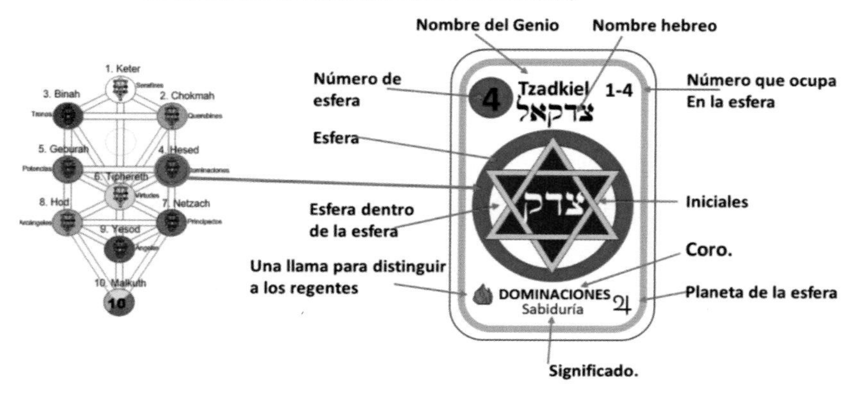


# ICONOGRAFÍA DE LOS 72 GENIOS.

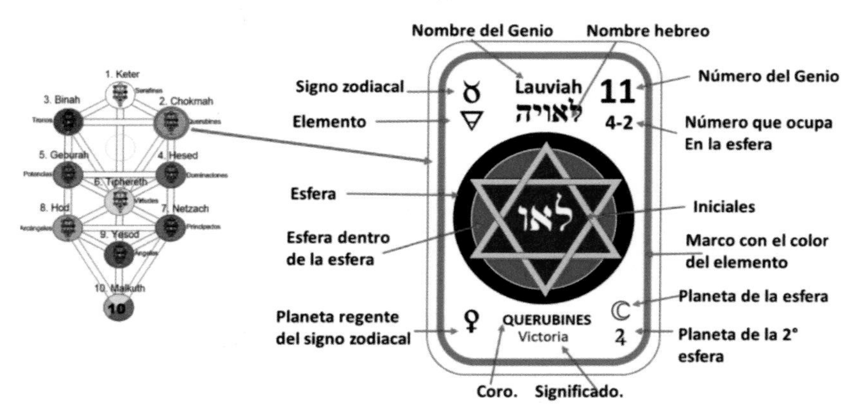


4 elementos:

| | |
|---|---|
| Fuego | △ ROJO |
| Agua | ▽ AZUL |
| Aire | 🜁 AMARILLO |
| Tierra | 🜃 VERDE |

# Capítulo 2

## LOS COROS Y LOS NOMBRES DE DIOS

Los Coros son grupos de 8 ángeles bajo las órdenes de un regente, ubicados en 9 sephirot (esferas) del árbol de la vida, la esfera 10 no se cuenta porque es la Tierra, allí no habitan los ángeles, solo la visitan, es el lugar de actuación tanto para los humanos como para las huestes celestes e infernales.

Los coros se cuentan a partir de la esfera número 9, Yesod, correspondiente a la Luna que es el astro más cercano a la Tierra (Malkuth). El primer coro está en la esfera 9 y el ultimo coro se ubica en la primera esfera, la Corona – Keter.

Los enumeración de los coros no es la misma que la de las sephirot o esferas, que empiezan a contarse desde Keter, esfera número 1, luego viene Jokmah, esfera 2, Binah, esfera 3, etc. Los 9 coros son:

1. Serafines, 2. Querubines, 3. Tronos,
4. Dominaciones, 5. Potencias, 6. Virtudes,
7. Principados, 8. Arcángeles y 9. Ángeles.

| PRIMERA ORDEN | SEGUNDA ORDEN | TERCERA ORDEN |
|---|---|---|
| 1.-SERAFINES<br>Amor | 4.- DOMINACIONES<br>Sabiduría | 7.- PRINCIPADOS<br>Personalidad |
| 2.- QUERUBINES<br>Armonía | 5.- POTENCIAS<br>Movimiento | 8.- ARCÁNGELES<br>Fuego |
| 3.- TRONOS<br>Voluntad | 6.- VIRTUDES<br>Forma | 9.- ÁNGELES<br>Mensajeros |

Cada coro se ubica en una esfera del árbol de la vida

**EL ÁRBOL DE LA VIDA CON LAS JERARQUIAS CELESTES.**

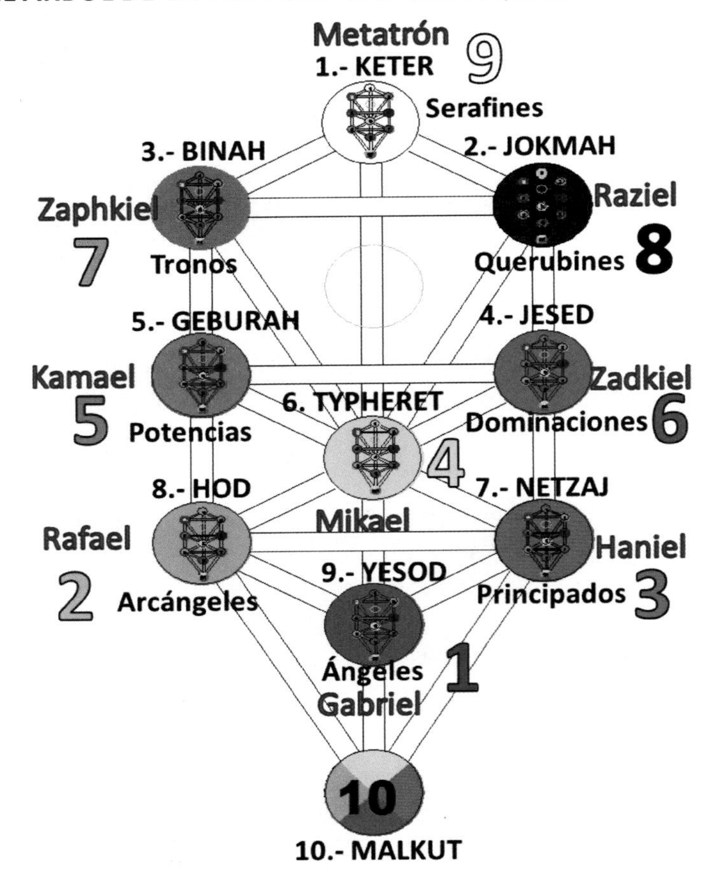


**LAS ESFERAS DEL ARBOL DE LA VIDA:**

**1.- KETER**. Sephira o esfera número 1. Coro número 9. Planeta Neptuno. **SERAFINES**. Son espíritus de **amor**. Reciben directamente las ideas del creador. Regente: Metatron.

**2.- HOKMAH**. - Sephira número 2. Coro numero 8. Planeta Urano. **QUERUBINES.** Espíritus de **armonía**: Actúan sobre las ideas. Regente: Raziel.

**3.- BINAH. -** Sephira número 3. Coro número 7. Planeta Saturno. **TRONOS.** Espíritus de **voluntad**. Transforman las ideas en acción. Regente: Zaphkiel.

**4.- HESED. -** Sephira número 4. Coro número 6. Planeta Júpiter. **DOMINACIONES.** Espíritus de Sabiduría. Llevan a cabo lo iniciado en la primera jerarquía. Regente: Zadkiel.

**5.- GEBURAH. -** Sephira número 5. Coro número 5. Planeta Marte. **POTENCIAS.** Espíritus de movimiento. Se ocupan de los cambios en el planeta. Regente: Kamael.

**6.- TYPHERET. -** Sephira número 6. Coro número 4. Planeta Sol. **VIRTUDES.** Espíritus de la forma. Elohim. El sistema solar, la humanidad. Regente: Mikael

**7.- NETZAJ. -** Sephira número 7. Coro número 3. Planeta Venus. **PRINCIPADOS.** Espíritus de la personalidad y del tiempo. Entrenan al hombre para que aprenda a ser independiente. Regente: Haniel.

**8.- HOD. -** Sephira número 8. Coro número 2. Planeta Mercurio. **ARCÁNGELES.** Espíritus de fuego, nacionales y populares. Enseñan a servir a la humanidad. Regente: Rafael

**9.- YESOD. -** Sephira número 9. Coro número 1. Planeta Luna. **ÁNGELES.** Espíritus mensajeros del mundo divino y el material. Ayudan y guían a los seres humanos en la Tierra. Regente: Gabriel.

## PRIMER CORO. NOVENO CIELO.
## ESFERA 1 – KETER: SERAFINES.

Fecha de actuación: 21 de Marzo al 30 de Abril

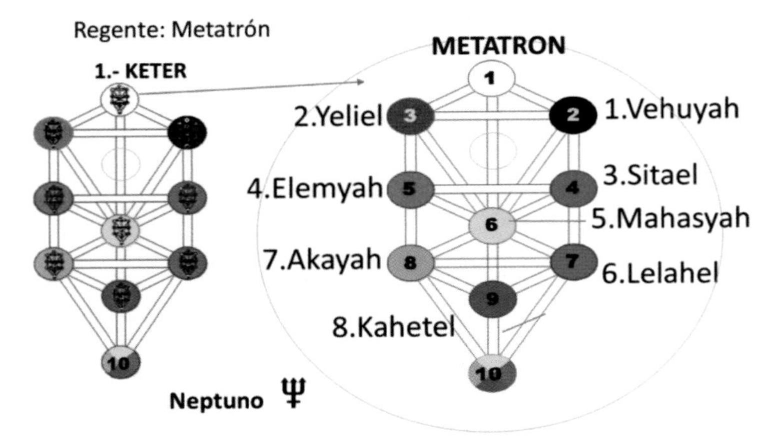


Los SERAFINES forman el primer coro de seres celestiales, están ubicados en la primera Sephira llamada Keter, es el más elevado de los Coros Angelicales. Seraphim se traduce del hebreo como "ardientes o serpientes de fuego", se describen como seres de seis alas; con dos alas cubren sus rostros, con dos sus pies y las dos últimas usan para volar. La palabra Serafín se compone de

SER = "espíritu elevado" y RAFA = "el que sana"

"espíritu elevado que sana".

Su misión es dirigir la energía divina que fluye del Trono de Dios e inflamar el amor del humano hacia Dios. Los Serafines rodean al trono de Dios entonando continuamente:

*"Santo, santo, santo es el Señor de los ejércitos; toda la tierra está llena de ¡Su gloria! "*

**METATRÓN. -** es el primer ser divino en la jerarquía celestial, regente de la primera esfera Keter o Corona, Color blanco.

Los Serafines del primer coro y noveno cielo son:

| Nr. | NOMBRE | GRADOS | SIGNO | FECHA | CICLO DIARIO | NACIONES | PROGRAMA |
|---|---|---|---|---|---|---|---|
| 1. | Vehuyah | 0 - 5 | ARIES | 21 - 25 Mar | 0:0 - 0:20 | Elegidos | Voluntad |
| 2. | Yeliel | 6 - 10 | ARIES | 26 - 30 Mar | 0:20 - 0:40 | Turcos | Amor |
| 3. | Sitael | 11 - 15 | ARIES | 31 Mar- 4 Abr | 0:40 - 1:00 | Árabes | Protección |
| 4. | Elemyah | 16 - 20 | ARIES | 5 - 9 Abril | 1:00 - 1:20 | Caldeos | Creatividad |
| 5. | Mahasyah | 21 - 25 | ARIES | 10 - 15 Abril | 1:20 - 1:40 | Egipcios | Sabiduría |
| 6. | Lelahel | 26 - 30 | ARIES | 16 - 20 Abril | 1:40 - 2:00 | Etíopes | Conciencia |
| 7. | Akayah | 0 - 5 | TAURO | 21 - 25 Abril | 2:00 - 2:20 | Armenios | Paciencia |
| 8. | Kahetel | 6 - 10 | TAURO | 26 - 30 Abril | 2:20 - 2:40 | Georgianos | Inspiración |

## 1.-Vehuyá

### 1º Vehuyá –והויה

Actúa de 0. a 0:20 h. Días 21 al 25 de Marzo.

**Salmo 3:4. Con mi voz clamé a YHVH, Y él me respondió desde su monte santo.**

Ayuda: Voluntad, Liderazgo, espiritualidad.

## 2.- Yeliel

### 2º Yeliel –ילייאל

Actúa de 0:20 a 0:40 h. Días 26 al 30 de Marzo.

***Salmo 22:20. Libra mi alma de la espada y mi vida del poder del perro.***

Ayuda: Apacigua revueltas. Salir victoriosos de injusticias. Proporciona paz y fidelidad conyugal.

## 3.- Sitael

### 3º Sitael –סיטאל

Actúa de 0:40 a 1 h. Días 31 de Marzo al 4 Abril.

***Salmo 91:2. YHVH me guardará, y dará vida; Seré bienaventurado en la tierra, y no seré entregado a la voluntad de mis enemigos.***

Ayuda: Protege contra las armas y la adversidad.

## 4.- Elemyah

### 4º Elemyáh –עלמיה

Actúa de 1 h. a 1:20 h. Días 5 al 9 de Abril.

***Salmo 6:5. Porque en la muerte no hay memoria de ti; en el Seol, ¿quién te alabará?***

Ayuda: Revela sobre las traiciones.

## 5.- Mahasyah

### 5º Mahasyá –מהשיה

Actúa de 1:20 h. a 1:40 h. Días 10 al 15 de Abril.

***Salmo 34:5. Los que le vieron fueron alumbrados, y sus rostros no fueron avergonzados.***

Ayuda: Vivir en paz con vecinos y amigos.

## 6.- Lelahel

## 6° Lelahel –ללהאל

Actúa de 1,40 a 2 h. Días 16 al 20 de Abril.

***Salmo 9:12. Porque el que demanda la sangre se acordó de ellos; no se olvidó del clamor de los afligidos.***

Ayuda: Curación de enfermedades.

## 7.- Akayah

### 7° Akayah –אכאיה

Actúa de 2 a 2,20 h. Días 21 al 25 de Abril.

***Salmo 103:8. Misericordioso y clemente es YHVH; lento para la ira, y grande en misericordia.***

Ayuda: Descubrir secretos. Paciencia.

## 8.- Kahetel

## 8° Kahetel –כהתאל

Actúa de 2,20 a 2,40 h. Días 26 al 30 de Abril.

***Salmo 95:6. Venid, adoremos y postrémonos delante de YHVH nuestro Creador.***

Ayuda: Bienes de Dios. Alejar malos espíritus.

## SEGUNDO CORO. OCTAVO CIELO.
## ESFERA 2 - JOKMAH: QUERUBINES.

Fecha de actuación: 1 de Mayo al 11 de Junio

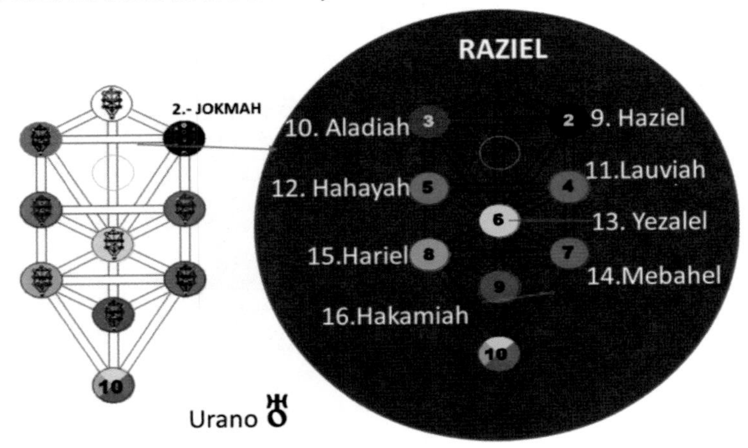


### Los Querubines

Es el Segundo Coro angelical. En hebreo: Kerubim, proviene del asirio "karibu", significa aquel que reza o intercede, tienen cuatro caras: de hombre, buey, león y águila y el cuerpo de una esfinge, águila o toro. Tienen cuatro alas cubiertas de ojos. Se les conoce como "Criaturas Vivientes", "Criaturas Aladas" y "Bestias Sagradas". Los Querubines fueron los ángeles con una espada llameante que Dios puso como guardianes a la entrada del Edén. En el Libro de Éxodo, Dios ordena a Moisés colocar un Querubín a cada lado del Arca de la Alianza con las alas extendidas. Los Querubines reciben la esencia de la Sabiduría directamente de Dios.

**RAZIEL** Es el segundo en la jerarquía celestial, es el regente de la segunda esfera Jokmah, Color negro, blanco.

Los Querubines del segundo coro y octavo cielo son:

| Nr. | NOMBRE | GRADOS | SIGNO | FECHA | CICLO DIARIO | NACIONES | PROGRAMA |
|---|---|---|---|---|---|---|---|
| 9. | Haziel | 11 - 15 | TAURO | 1 - 5 Mayo | 2:40 - 3:00 | Abisinios | Misericordia |
| 10. | Aladiah | 16 - 20 | TAURO | 6 - 11 Mayo | 3:00 - 3:20 | Persas | Gracia |
| 11. | Lauviah | 21 - 25 | TAURO | 12 - 16 Mayo | 3:20 -3:40 | Latinos | Victoria |
| 12. | Hahayah | 26 - 30 | TAURO | 17 - 21 Mayo | 3:40 - 4:00 | Griegos | Refugio |
| 13. | Yezalel | 0 - 5 | GEMINIS | 22 - 26 Mayo | 4:00 - 4:20 | Illyrianos | Amistad |
| 14. | Mebahel | 6 - 10 | GEMINIS | 27 - 31 Mayo | 4:20 - 4:40 | Espanoles | Justicia |
| 15. | Hariel | 11 - 15 | GEMINIS | 1 - 6 Junio | 4:40 - 5:00 | Italianos | Purificación |
| 16. | Hakamiah | 16 - 20 | GEMINIS | 7 - 11 Junio | 5:00 - 5:20 | Franceses | Lealtad |

## 9.- Haziel

## 9° Haziel –הזיאל

Actúa de 2,40 a 3 h. Días del 1 al 5 de Mayo.

***Salmo 25:6. Acuérdate, oh YHVH, que tu piedad y misericordia son perpetuas.***

Ayuda: Apoyo de los grandes. Cumplimiento de promesas. Misericordia de Dios.

## 10.- Aladiaj

### 10° Aladyah –אלדיה

Actúa de 3 a 3,20 h. Días 6 al 11 de Mayo.

***Salmo 33:22. Sea tu misericordia, oh YHVH, sobre nosotros, según esperamos en ti.***

Ayuda: Obtener el perdón por faltas graves cometidas.

## 11.- Lauviaj

### 11° Lauvyah –לאויה

Actúa de 3,20 a 3,40 h. Días 12 al 16 de Mayo.

***Salmo 18:47. Dios que venga mis agravios, y somete pueblos debajo de mí.***

Ayuda: Ser sabio, obtener la victoria en cualquier confrontación.

## 12.- Hahayaj

## 12° Hahayah –ההעיה

Actúa de 3,40 a 4 h. Días 17 al 21 de Mayo.

***Salmo 10:1, ¿Por qué estás lejos, oh YHVH, y te escondes en el tiempo de la tribulación?***

Ayuda: Protege contra la adversidad. Revela misterios ocultos en sueños.

## 13.- Yezalel

## 13° Yezalel –יזלאל

Actúa de 10 h. a 10:20. Días 22 al 26 de Mayo.

***Salmo 98:4. Cantad alegres a YHVH, toda la tierra, levantado la voz, aplaudid, y cantad salmos.***

Ayuda: Fidelidad conyugal. Memoria.

## 14.- Mebahel

## 14° Mebahel –מבהאל

Actúa de 4,20 a 4,40 h. Días 27 al 31 de Mayo.
***Salmo 9: 10. En ti confiarán los que conocen tu nombre, por cuanto tú, oh YHVH, no desamparaste a los que te buscaron.***
Ayuda: Justicia. Protección contra la calumnia.

## 15.- Hariel

## 15° Hariel –הריאל

Actúa de 4,40 a 5 h. Días 1 al 6 de Junio

***Salmo 94:2w32w22, Mas YHVH ha sido mi refugio, y mi Dios la roca de mi confianza.***

Ayuda: Contra los profanadores espirituales.

## 16.- Hakamiah

## 16° Hakamyah –הקמיה

Actúa de 5 a 5,20 h. Días 7 al 11 de Junio.

***Salmo 88: 2. Llegue con mi oración a tu presencia; inclina tu oído a mi clamor.***

Ayuda: solicitar el favor de los Reyes. Contra los traidores. Confundir a los enemigos.

## TERCER CORO. SÉPTIMO CIELO.
## ESFERA 3 - BINAH: TRONOS.

Fecha de actuación: 12 de Junio al 23 de Julio

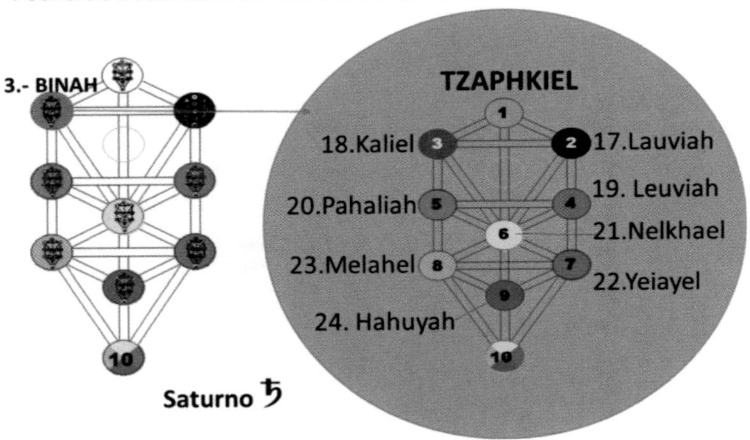


Los "tronos" o ancianos, son seres celestes, esencia de la justicia y autoridad de Dios, su nombre se debe a que están frente al Trono de Dios. Los Tronos están asociados, con los Ophanim (ruedas) o Erelim de la jerarquía angelical. Aparecen como una piedra preciosa de color berilo dentro de una rueda cubierta con cientos de ojos. Se los describen como 24 ancianos que escuchan la voluntad de Dios y presentan las oraciones de los hombres. Su misión es la de inspirar fe en el poder del Creador y de llevar a cabo la justicia divina. Estas criaturas son descritas por el profeta como ruedas llameantes cubiertas de infinidad de ojos. El Príncipe Regente de los Tronos es Tzaphkiel.

**TZAPHKIEL.** - Tercero en la jerarquía celestial, regente de la tercera esfera Binah, séptimo cielo. Color gris, blanco.

Los tronos del séptimo cielo y tercer coro son:

| Nr. | NOMBRE | GRADOS | SIGNO | FECHA | CICLO DIARIO | NACIONES | PROGRAMA |
|---|---|---|---|---|---|---|---|
| 17. | Lauviah | 21 - 25 | GEMINIS | 12 - 16 Junio | 5:20 - 5:40 | Germanos | Revelación |
| 18. | Kaliel | 26 - 30 | GEMINIS | 17 - 21 Junio | 5:40 - 6:00 | Polacos | Justicia |
| 19. | Leuviah | 0 - 5 | CÁNCER | 22 - 27 Junio | 6:00 - 6:20 | Hungaros | Recordar |
| 20. | Pahaliah | 6 - 10 | CÁNCER | 28 Jun- 2 Jul | 6:20 - 6:40 | Moscovitas | Redención |
| 21. | Nelkael | 11 - 15 | CÁNCER | 3 - 7 Julio | 6:40 - 7:00 | Bohemios | Aprender |
| 22. | Yeyayel | 16 - 20 | CÁNCER | 8 - 12 Julio | 7:00 - 7:20 | Ingleses | Renombre |
| 23. | Melahel | 21 - 25 | CÁNCER | 13 - 18 Julio | 7:20 - 7:40 | Hibemienses | Curar |
| 24. | Hahuyah | 26 - 30 | CÁNCER | 19 - 23 Julio | 7:40 - 8:00 | Etruscos | Protección |

## 17.- Lauviah

## 17º Lavyah – לאויה

Actúa de 5,20 a 5,40 h. Días 12 al 16 de Junio.

***Salmo 8:2. De la boca de niños y de recién nacidos fundaste la fortaleza, a causa de tus enemigos, para hacer callar al enemigo vengativo.***

Ayuda: Reanudación de amistades. Descanso nocturno. A superar la tristeza y depresión. Sueños proféticos.

## 18.- Kaliel

### 18° Kaliel –כליאל

Actúa de 5,40 a 6 h. Días 17 al 21 de Junio. ***Salmo 7:9. Desaparezca la maldad de los inicuos, más establece tú al justo; porque el Dios justo prueba la mente y el corazón.*** Ayuda: Revela la verdad en procesos, apoya al inocente. Da rápido auxilio en adversidades.

## 19.- Leuviah

## 19° Leuvyah –לויה

Actúa de 6 a 6,20 h. Días 22 al 27 de Junio.

***Salmo 40:2. Y me sacó del pozo de la desesperación, del lodo cenagoso; puso mis pies sobre peña, y enderezó mis pasos.***

Ayuda: recuperar la memoria. Fecundidad. Soportar adversidades.

## 20.- Pahalyah

## 20° Pahalyah –פהליה

Actúa de 6,20 a 6,40 h. Del 28 de Junio al 2 de Julio.

***Salmo 120:2. Libra mi alma, oh, YHVH, del labio mentiroso, y de la lengua fraudulenta.***

Ayuda: Vocación religiosa. Conocer las leyes divinas.

## 21.- Nelkahel

## 21° Nelkael –נלכאל

Actúa de 6,40 a 7 h. Días 3 al 7 de Julio.

***Salmo 31:16, Haz resplandecer tu rostro sobre tu siervo; sálvame por tu misericordia.***

Ayuda: Contra los hechizos. Destruir los influjos de los espíritus negativos.

## 22.- Yeyayel

## 22° Yeyayel –ייאל

Actúa de 7 a 7,20 h. Días 8 al 12 de Julio.

***Salmo 121:5, YHVH es tu guardador; YHVH es tu sombra a tu derecha.***

Ayuda: Fortuna, renombre, prestigio. Protección en los viajes por mar.

## 23.- Melahel

### 23° Melahel –מלהאל

Actúa de 7,20 a 7,40 h. del 13 al 18 de Julio

***Salmo 121:8, YHVH guardará tu salida y tu entrada Desde ahora y para siempre.***

Ayuda: Protección contra atentados. Curación mediante medicina natural.

## 24.- Hajuyah

## 24° Hahuyah –ההויה

Actúa de 7,40 a 8 h. del 19 al 23 de Julio.

***Salmo 33:18. He aquí el ojo de YHVH sobre los que le temen, sobre los que esperan en su misericordia.***

Ayuda: Concede sabiduría y descubrir misterios ocultos. Preserva de ladrones y asaltantes.

## CUARTO CORO. SEXTO CIELO.
## ESFERA 4 - JESED: DOMINACIONES.

Fecha de actuación: 19 de Julio al 2 de Septiembre

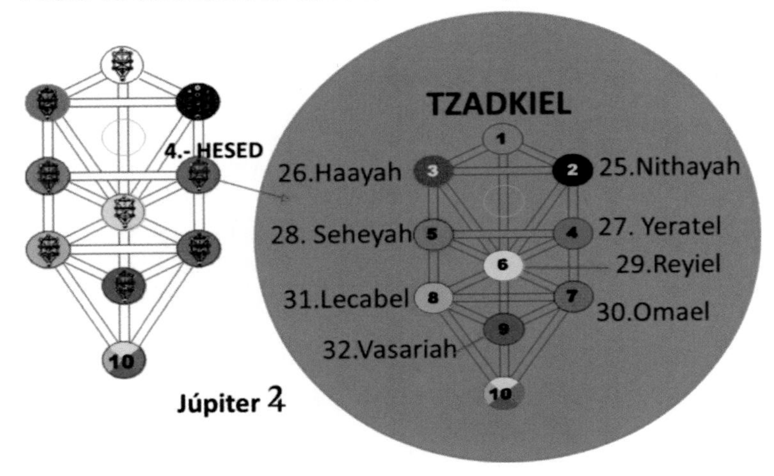


**Dominaciones.** – Los "dominios", "Dominaciones" o los "Señores", se encargan de mantener el orden en el Universo y de adjudicar las labores o misiones a los ángeles menores. En hebreo Hasmalim. La majestad de Dios es revelada a través de ellos, se cree que ellos parecen humanos divinamente hermosos con un par de alas emplumadas, muy parecidas a la representación de los ángeles, empuñando orbes de luz sujetos a las cabezas de sus cetros. Muy rara vez los Dominios se dan a conocer físicamente a los humanos. Son canales de misericordia, sus virtudes son: Obediencia y Bondad.
Sus príncipe regente es Tzadkiel.

**TZADKIEL. -** Es el cuarto en la jerarquía celestial, es el regente de la cuarta esfera Jésed, sexto cielo. Color azul, blanco.

Los Dominios del cuarto coro y sexto cielo son:

| Nr. | NOMBRE | GRADOS | SIGNO | FECHA | CICLO DIARIO | NACIONES | PROGRAMA |
|---|---|---|---|---|---|---|---|
| 25. | Nithayah | 0 - 5 | LEO | 24 - 28 Julio | 8:00 - 8:20 | Magos | Misterios ocultos |
| 26. | Haayah | 6 - 10 | LEO | 29 Jul- 2 Ag | 8:20 -8:40 | Sarracenos | Ganar procesos |
| 27. | Yeratel | 11 - 15 | LEO | 3 - 7 Agosto | 8:40 - 9:00 | Coptas | Liberar |
| 28. | Seheyah | 16 - 20 | LEO | 8 - 13 Agosto | 9:00 - 9:20 | Asirios | Longevidad |
| 29. | Reyiel | 21 - 25 | LEO | 14 - 18 Agosto | 9:20 - 9:40 | Peruanos | Liberación |
| 30. | Omael | 26 - 30 | LEO | 19 - 23 Agosto | 9:40 -10:00 | Indios | Multiplicar |
| 31. | Lekabel | 0 - 5 | VIRGO | 24 - 28 Agosto | 10:00-10:20 | Chinos | Resolución |
| 32. | Vasariah | 6 - 10 | VIRGO | 29 Ag. - 2 Sep | 10:20-10:40 | Tártaros | Clemencia |

## 25.- Nit-hayah

## 25° Nithayah –נתהיה

Actúa de 8 a 8,20 h. del 24 al 28 de Julio.

***Salmo 9:2. Me alegraré y me regocijaré en ti; Cantaré tu nombre, oh, Altísimo.***

Ayuda: Favorecer en la obtención de sabiduría oculta.

## 26.- Haayah

## 26° Haayah –האיה

Actúa de 8,20 a 8,40 h. del 29 de Julio al 2 de Agosto.

***Salmo 119:145. Clamé con todo mi corazón; respóndeme, YHVH, Y guardaré tus estatutos.***

Ayuda: Mantener favorable a los jueces en los procesos.

## 27.- Yeratel

## 27° Yeratel –ירתאל

Actúa de 8,40 a 9 h. del 3 al 7 de Agosto.

***Salmo 140:2. Los cuales maquinan males en el corazón, Cada día urden contiendas.***

Ayuda: Librarse de los enemigos visibles.

## 28.- Seheyah

### 28° Seheyah –שאהיה

Actúa de 9 a 9,20 h. del 8 al 13 de Agosto.

***Salmo 71:12. Oh Dios, no te alejes de mí; Dios mío, acude pronto en mi socorro.***

Ayuda: Protección contra enfermedades, heridas y accidentes.

## 29.- Reyiel

## 29° Reyiel –רייאל

Actúa de 9,20 a 9,40 h. del 14 al 18 de Agosto.

***Salmo 54:6. Voluntariamente sacrificaré a ti; Alabaré tu nombre, oh YHVH, porque es bueno.***

Ayuda: Librarse de los enemigos invisibles.

## 30.- Omael

### 30° Omael –אומאל

Actúa de 9,40 a 10 h. del 19 al 23 de Agosto.

***Salmo 71:5. Porque tú, oh, Señor YHVH, eres mi esperanza, Seguridad mía desde mi juventud.***

Ayuda: Contra la pesadumbre y desesperación.

## 31.- Lekabel

### 31° Lekabel –לכבאל

Actúa de 10 a 10,20 h. del 24 al 28 de Agosto.

***Salmo 71:16. Vendré a los hechos poderosos de YHVH el Señor; Haré memoria de tu justicia, de la tuya sola.***

Ayuda: Adquirir conocimientos útiles en la profesión que se ejerza.

## 32.- Vasariah

## 32° Vashariah – ושריה

Actúa de 10,20 a 10,40 h. del 29 de Agosto al 2 de Septiembre.

***Salmo 33:4. Porque recta es la palabra de YHVH, Y toda su obra es hecha con fidelidad.***

Ayuda: Llegar a un acuerdo, cuando estamos siendo atacados con motivo.

# QUINTO CORO. QUINTO CIELO.
# ESFERA 5 - GEBURAH: POTENCIAS.

Fecha de actuación: 3 de Septiembre al 13 de Octubre

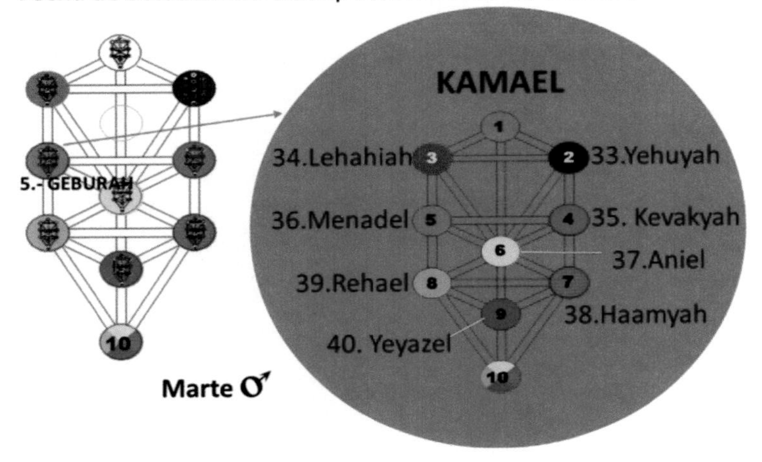


**Las Potencias** o "Autoridades" son guardianes y protectores, su misión es asegurar que el cosmos se mantenga en orden y supervisar los movimientos de los cuerpos celestes. Se representan como soldados con armadura, casco, escudos y lanzas o cadenas. En hebreo Hayoth ha Kadosh. (Criaturas santas) Este Coro tiene permiso divino para castigar y perdonar y para crear de acuerdo con la voluntad divina, llevando a cabo sus designios. Parte de su misión es la de ayudar al ser humano a resistir las tentaciones del mal y a vencerlo, inclinándolo al amor a Dios y a sus leyes. Son los guías de las almas perdidas y los que escriben la historia de la humanidad. Se cree que la mayor parte de los ángeles caídos pertenecían al Coro de las Potencias. El Príncipe Regente de los Poderes es Kamael, también conocido como Camael o Samael.

**KAMAEL**. - Quinto en la jerarquía celestial, regente de la quinta esfera Geburah, quinto cielo. Color rojo, blanco.

Las potencias del quinto cielo y coro son:

| Nr. | NOMBRE | GRADOS | SIGNO | FECHA | CICLO DIARIO | NACIONES | PROGRAMA |
|---|---|---|---|---|---|---|---|
| 33. | Yehuyah | 11 - 15 | VIRGO | 3 - 8 Sept. | 10:40-11:00 | Hespérides | Subordinar |
| 34. | Lehahiah | 16 - 20 | VIRGO | 9 - 13 Sept. | 11:00-11:20 | Congolenos | Obediencia |
| 35. | Kevakyah | 21 - 25 | VIRGO | 14 - 18 Sept. | 11:20-11:40 | Angolenos | Reconciliar |
| 36. | Menadel | 26 - 30 | VIRGO | 19 - 23 Sept. | 11:40-12:00 | Moros | Trabajo |
| 37. | Aniel | 0 - 5 | LIBRA | 24 - 28 Sept. | 12:00-12:20 | Filósofos | Victoria |
| 38. | Haamyah | 6 - 10 | LIBRA | 29 Sep - 3 Oct. | 12:20-12:40 | Cabalistas | Entender |
| 39. | Rehael | 11 - 15 | LIBRA | 4 - 8 Octubre | 12:40-13:00 | Escoceses | Amor Filial |
| 40. | Yeyazel | 16 - 20 | LIBRA | 9 - 13 Oct | 13:00-13:20 | Belgas | Consuelo |

## 33.- Yehuyah

## 33° Yejuyah –יהויה

Actúa de 10,40 a 11 h. del 3 al 8 de Septiembre.

***Salmo 33:10. YHVH anula el consejo de las naciones, y frustra las maquinaciones de los pueblos.***

Ayuda: Destruir las maquinaciones que se estén preparando en nuestra contra.

**34.- Lehajiah**

## 34º Lehajiah –להחיה

Actúa de 11 a 11,20 h. del 9 al 13 de Septiembre.

***Salmo 131:3. Espera, oh, Israel, en YHVH, Desde ahora y para siempre.***

Ayuda: Calmar a personas iracundas.

## 35.- Kevaqyah

## 35º Kevaqyah –כזקיה

Actúa de 11,20 a 11,40 h. del 14 al 18 de Septiembre.

***Salmo 116:1. Amo a YHVH, pues ha oído mi voz y mis súplicas;***

Ayuda: Recuperar la armonía con los que se ha ofendido. Conservar la paz en la familia.

## 36.- Menadel

## 36º Menadel –מנדאל

Actúa de 11,40 a 12 h. 19-23 Septiembre.

***Salmo XXVI: 8, YHVH, la habitación de tu casa he amado, Y el lugar de la morada de tu gloria.***

Ayuda: Mantener el empleo que se tenga. Conservar los medios de vida que se posean.

## 37.- Aniel

### 37°. Aniel –אניאל

Actúa de 12-12,20 h. 24-28 Septiembre.

***Salmo 80:8. Hiciste venir una vid de Egipto; Echaste las naciones, y la plantaste.***

Ayuda: Lograr romper un cerco al que se esté sometido, bien sea físico, moral o espiritual.

## 38.- Haamyah

### 38º Haamyah – העמיה

Actúa de 12,20 a 12,40 h. del 29 de Septiembre al 3 de Octubre.

***Salmo 91:9. Porque has puesto a YHVH, que es mi esperanza, Al Altísimo por tu habitación,***

Ayuda: Adquirir conocimiento de este nivel y del superior.

## 39.- Rehael

### 39° Rehael –רהעאל

Actúa de 12,40 a 13 h. del 4 - 8 Octubre.

***Salmo 30:11. Has cambiado mi lamento en baile; Desataste mi cilicio, y me ceñiste de alegría.***

Ayuda: Curación de enfermedades.

## 40.- Yeyazel

### 40° Yeyazel –ייזאל

Actúa de 13 a 13,20 h. del 9 - 13 Octubre.

***Salmo 88:15. Yo estoy afligido y menesteroso; Desde la juventud he llevado tus terrores, he estado medroso.***

Ayuda: Ser libertado de prisión. Librarse de enemigos.

# SEXTO CORO. CUARTO CIELO.

# ESFERA 6 – TYPHERET: VIRTUDES.

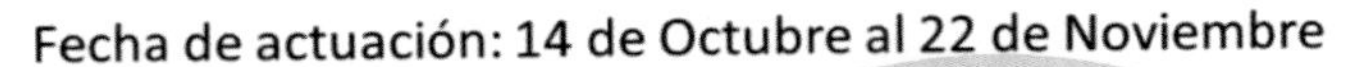


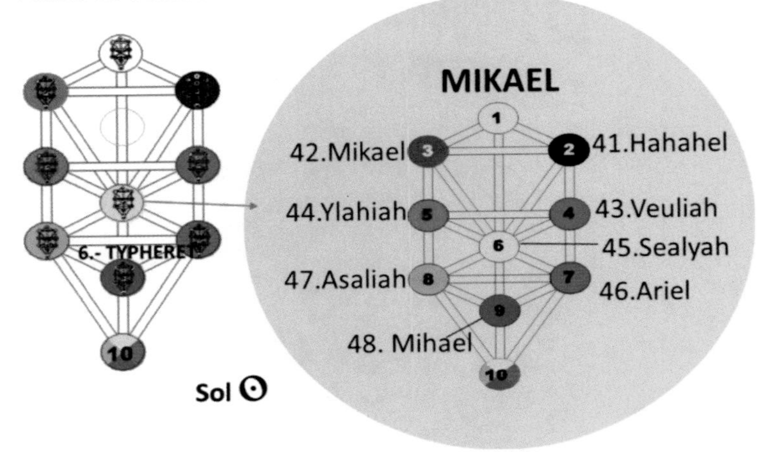


**Virtudes**. -
Es el sexto Coro y su nombre se traduce como "Virtud" o "Poder", significa virilidad emanada de la energía divina; fuerza para luchar contra la debilidad, generando la virtud. Estos seres celestes confieren el don de la virtud, gracia y valor a los seres humanos. Están a cargo del movimiento de los planetas, estrellas y galaxias y controlan las leyes cósmicas. La astronomía y la astrofísica son regidas por este Coro. Se encargan de llevar a cabo los milagros en la Tierra, ayudan en la Ascensión a los santos y dan valor a los héroes que batallan contra el mal. En la Cábala se conocen como los Malachim o los Tarshashim. El príncipe regente de las Virtudes es Mikael.

**MIKAEL. -** Es el sexto en la jerarquía celestial, es el regente de la sexta esfera Typheret, cuarto cielo. Color amarillo, blanco.

Las virtudes del cuarto cielo y sexto coro son:

| Nr. | NOMBRE | GRADOS | SIGNO | FECHA | CICLO DIARIO | NACIONES | PROGRAMA |
|---|---|---|---|---|---|---|---|
| 41. | Hahahel | 21 - 25 | LIBRA | 14 - 18 Oct | 13:20-13:40 | Irlandeses | Sacerdocio |
| 42. | Mikael | 26 - 30 | LIBRA | 19 - 23 Oct | 13:40-14:00 | Canadienses | Orden Político |
| 43. | Veuliah | 0 - 5 | ESCORPIO | 24 - 28 Oct | 14:00-14:20 | Californianos | Prosperidad |
| 44. | Ylahiah | 6 - 10 | ESCORPIO | 29 Oct- 2 Nov. | 14:20-14:40 | Mejicanos | Saldar deudas |
| 45. | Sealyah | 11 - 15 | ESCORPIO | 3 - 7 Nov. | 14:40-15:00 | Quitenos | Impulso motor |
| 46. | Ariel | 16 - 20 | ESCORPIO | 8 - 12 Nov. | 15:00-15:20 | Paraguayos | Percepción |
| 47. | Asaliah | 21 - 25 | ESCORPIO | 13 - 17 Nov. | 15:20-15:40 | Chilenos | Iniciación |
| 48. | Mihael | 26 - 30 | ESCORPIO | 18 - 22 Nov. | 15:40-16:00 | Japoneses | Generación |

## 41.- Hahahel

### 41° Hahahel –ההאל

Actúa de 13,20 a 13,40 h. 14-18 de Octubre.

***Salmo 120: 2. Libra mi alma, oh YHVH, del labio mentiroso, Y de la lengua fraudulenta.***

Ayuda: Contra los que calumnian nuestra forma de vida espiritual.

## 42.- Mikael

### 42° Mikael –מיכאל

Actúa de 13,40 a 14 h. del 19 al 23 de Octubre.

***Salmo 121:7. YHVH te guardará de todo mal; El guardará tu alma.***

Ayuda: Lograr protección espiritual.

## 43.- Veulyah

### 43° Veulyah –והליה

Actúa de 14 a 14,20 h. del 24 al 28 de Octubre.

***Salmo 88:14. ¿Por qué, oh, YHVH, ¿desechas mi alma? ¿Por qué escondes de mí tu rostro?***

Ayuda: Librarse de la dependencia dañina, bien sea física, moral o espiritual.

## 44.- Ylahyah

### 44° Ylahyah –ילהיה

Actúa de 14,20-14,40 h. 29 de Octubre al 2 de Noviembre.

***Salmo 119:108. Te ruego, oh, YHVH, que te sean agradables los sacrificios voluntarios de mi boca, y me enseñes tus juicios.***

Ayuda: Obtener éxito en cualquier gestión, siempre que no sea perjudicial para nadie.

## 45.- Sealyah

## 45° Sealyah –סאליה

Actúa de 14,40-15 h. 3-7 de Noviembre.

***Salmo 94:18. Cuando yo decía: Mi pie resbala, Tu misericordia, oh YHVH, me sustentaba.***

Ayuda: Elevar a los humillados.

## 46.- Ariel

### 46° Ariel –עריאל

Actúa de 15 a 15,20 h. del 8 al 12 de Noviembre.

***Salmo 145:9. Bueno es YHVH con todos, Y su misericordia sobre todas sus obras.***

Ayuda: Agradecer a Dios por lo que recibimos.

## 47.- Asaliah

### 47º Asaliah –עשליה

Actúa de 15,20 a 15,40 h. del 13 al 17 de Noviembre.

***Salmo 104:24. ¡Cuán innumerables son tus obras, oh, YHVH! Hiciste todas ellas con sabiduría; la tierra está llena de tus beneficios.***

Ayuda: Obtener comunión con Dios.

## 48.- Mihael

### 48° Mihael –מיהאל

Actúa de 15,40 a 16 h. 18 al 22 de Noviembre.

***Salmo 98:2. YHVH ha hecho notoria su salvación; a vista de las naciones ha descubierto su justicia.***

Ayuda: Consolidar la unión entre los esposos, conservando la paz en el hogar.

# SEPTIMO CORO. TERCER CIELO.
# ESFERA 7 - NETZAJ: PRINCIPADOS.

Fecha de actuación: 23 de Noviembre al 31 de Diciembre

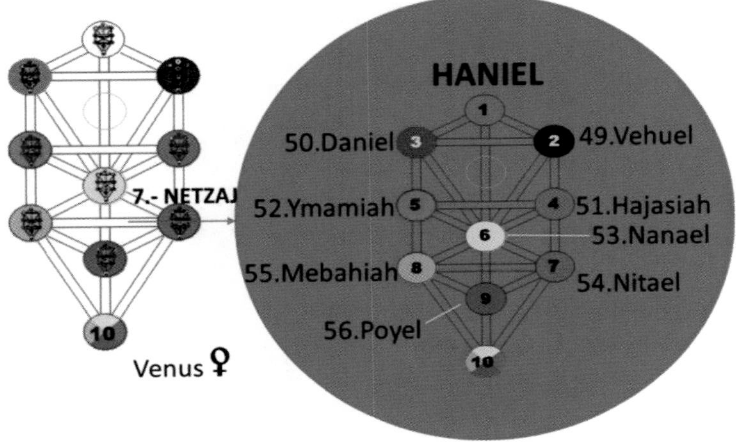


**Los Principados**, el Séptimo Coro, del latín: principatus traducido como Gobernantes, son los ángeles que guían y protegen a las naciones, pueblos, e instituciones religiosas, a los reyes, príncipes, jueces, gobernantes y autoridades, iluminándolos para que hagan decisiones justas. Hay algunos que administran y otros que ayudan. Los principados se conocen como Sarim, son los educadores y guardianes del reino de la tierra, inspiran a los seres vivos a muchas cosas, como el arte, la ciencia. El príncipe regente de este coro es Haniel también conocido como Anael.

**HANIEL. -** Es el séptimo en la jerarquía celestial, es el regente de la séptima esfera Netzaj. Color verde, blanco.

Los principados del tercer cielo y séptimo coro son:

| Nr. | NOMBRE | GRADOS | SIGNO | FECHA | CICLO DIARIO | NACIONES | PROGRAMA |
|---|---|---|---|---|---|---|---|
| 49. | Vehuel | 0 - 5 | SAGITARIO | 23 - 27 Nov. | 16:00-16:20 | Filipinos | Elevación |
| 50. | Daniel | 6 - 10 | SAGITARIO | 28 Nov.-2 Dic. | 16:20-16:40 | Samaritanos | Elocuencia |
| 51. | Hajasiah | 11 - 15 | SAGITARIO | 3 - 7 Dic. | 16:40-17:00 | Barsianos | Medicina Universal |
| 52. | Ymamiah | 16 - 20 | SAGITARIO | 8 - 12 Dic. | 17:00-17:20 | Melindeses | Expiación de Errores |
| 53. | Nanael | 21 - 25 | SAGITARIO | 13 - 17 Dic. | 17:20-17:40 | Maitenses | Espiritualidad |
| 54. | Nitael | 26 - 30 | SAGITARIO | 18 - 22 Dic. | 17:40-18:00 | Zafianianense | Legitimidad |
| 55. | Mebahiah | 0 - 5 | CAPRICORNIO | 23 - 27 Dic. | 18:00-18:20 | Ormuz | Lucidez |
| 56. | Poyel | 6 - 10 | CAPRICORNIO | 28 - 31 Dic. | 18:20-18:40 | Adén | Modestia |

## 49.- Vehuel

## 49° Vehuel –והואל

Actúa de 16 a 16,20 h. 23 al 27 de Noviembre.

***Salmo 145:3. Grande es YHVH y digno de gran alabanza; y su grandeza es inescrutable.***

Ayuda: Glorificar a Dios.

## 50.- Daniel

### 50° Daniel –דניאל

Actúa de 16,20 a 16,40 h. 28 de Noviembre al 2 de Diciembre.

***Salmo 103:8. Misericordioso y clemente es YHVH; lento para la ira, y grande en misericordia.***

Ayuda: Obtener misericordia de Dios.

## 51.- Hajasiah

### 51° Hajasiah –החשיה

Actúa de 16,40 a 17 h. del 3 al 7 de Diciembre.

***Salmo 104:31. Sea la gloria de YHVH para siempre; Alégrese YHVH en sus obras.***

Ayuda: Lograr sabiduría.

## 52.- Ymamiah

## 52° Ymamiah –עממיה

Actúa de 17 a 17,20 h. del 8 al 12 de Diciembre.

***Salmo 7:17. Alabaré a YHVH conforme a su justicia, y cantaré al nombre YHVH el Altísimo.***

Ayuda: Destruir el poder de los enemigos.

## 53.- Nanael

### 53° Nanael –ננאאל

Actúa de 17,20 a 17,40 h. del 13 al 17 de Diciembre.

***Salmo 119:75. Conozco, oh, YHVH, que tus juicios son justos, y que conforme a tu fidelidad me afligiste.***

Ayuda: Aceptar la justicia divina.

## 54.- Nitael

### 54º Nitael –ניתאל

Actúa de 17,40 a 18 h. 18 al 22 de Diciembre.

***Salmo 103:19. YHVH estableció en los cielos su trono, y su reino domina sobre todos.***

Ayuda: Hacerse longevo.

## 55.- Mebahiah

## 55º Mebahiah –מבהיה

Actúa de 18 a 18,20 h. del 23 al 27 de Diciembre.

***Salmo 102:13. Te levantarás y tendrás misericordia de Sion, es tiempo de tener misericordia de ella, porque el plazo ha llegado.***

Ayuda: Lograr tener hijos.

## 56.- Poyel

### 56° Poyiel –פויאל

Actúa de 18,20 a 18,40 h. del 28 al 31 de Diciembre.

***Salmo 144:14. Sostiene YHVH a todos los que caen, y levanta a todos los oprimidos.***

Ayuda: Contra cualquier forma de opresión.

# OCTAVO CORO. SEGUNDO CIELO.
# ESFERA 8 - HOD: ARCÁNGELES.

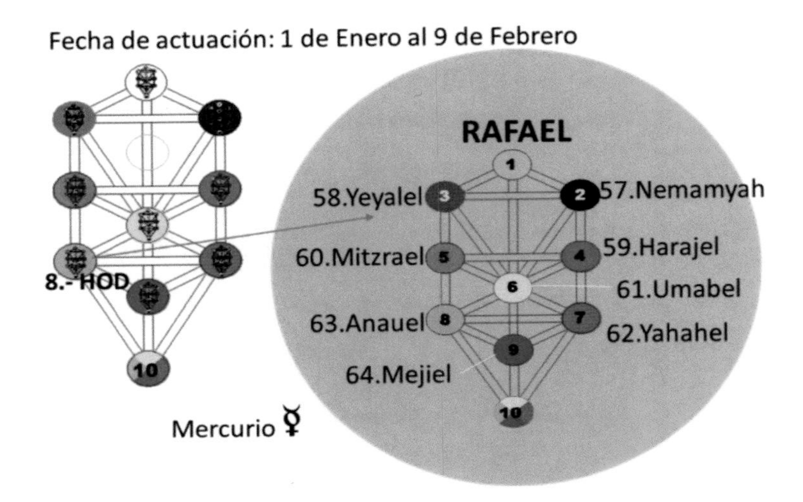


**Arcángeles.** La palabra "arcángel" proviene del griego archangelos, que significa ángel principal, el primero en rango o poder. Este Coro está a cargo de interceder por los pecados o debilidades, la ignorancia de los seres humanos frente al Trono Divino. Son los que batallan contra Satanás y sus legiones para la protección del mundo. Los Arcángeles son los guardianes de las naciones y los países, y están preocupados por los problemas y eventos que los rodean, incluida la política, sobre todo el comercio y las relaciones tanto personales como comerciales de las personas. El príncipe regente de esta orden es Rafael.

**RAFAEL:** Es el octavo en la jerarquía celestial, es el regente de la octava esfera Hod, segundo cielo. Color naranja, blanco.

Los arcángeles del segundo cielo y octavo coro son:

| Nr. | NOMBRE | GRADOS | SIGNO | FECHA | CICLO DIARIO | NACIONES | PROGRAMA |
|---|---|---|---|---|---|---|---|
| 57. | Nemamjah | 11 - 15 | CAPRICORNIO | 1 - 5 Enero | 18:40-19:00 | Cirenienses | Discernir |
| 58. | Yeyalel | 16 - 20 | CAPRICORNIO | 6 - 10 Enero | 19:00-19:20 | Celamitas | Fortaleza Mental |
| 59. | Harajel | 21 - 25 | CAPRICORNIO | 11 - 15 Enero | 19:20-19:40 | Mesopotamia | Riqueza Intelectual |
| 60. | Mitzrael | 26 - 30 | CAPRICORNIO | 16 - 20 Enero | 19:40-20:00 | Tibet | Reparación |
| 61. | Umabel | 0 - 5 | ACUARIO | 21 - 25 Enero | 20:00-20:20 | Betulianos | Afinidad |
| 62. | Yahehel | 6 - 10 | ACUARIO | 26 - 30 Enero | 20:20-20:40 | Carmanianos | Afán de Saber |
| 63. | Anauel | 11 - 15 | ACUARIO | 31 Ene.- 4 Feb. | 20:40-21:00 | Camboyanos | Unidad |
| 64. | Mejiel | 16 - 20 | ACUARIO | 5 - 9 Febrero | 21:00-21:20 | Mongoles | Vivificación |

## 57.- Nemamyah

### 57° Nemamyah –נממיה

Actúa de 18,40 a 19 h. del 1 al 5 de Enero.

***Salmo 115:11. Los que teméis a YHVH, confiad en YHVH; Él es vuestra ayuda y vuestro escudo.***

Ayuda: Progresar en lo que se emprenda.

## 58.- Yeyalel

## 58° Yeyalel –יילאל

Actúa de 19 a 19,20 h. del 6 al 10 de Enero.

***Salmo 6:4. Vuélvete, oh YHVH, libera mi alma; sálvame por tu misericordia.***

Ayuda: Curación de enfermedades, sobre todo las que son producto de brujería.

## 59.- Harajel

**59° Harajel –הרחאל**

Actúa de 19,20 a 19,40 h. del 11 al 15 de Enero.

***Salmo 113:3. Desde el nacimiento del sol hasta su ocaso, sea alabado el nombre de YHVH.***

Ayuda: Favorece la concepción en mujeres estériles.

## 60.- Mitzrael

### 60° Mitzrael –מצראל

Actúa de 19,40 a 20 h. del 16 al 20 de Enero.

***Salmo 145:17. Justo es YHVH en todos sus caminos, y misericordioso en todas sus obras.***

Ayuda: Librarnos de los que nos acosen.

## 61.- Umabel

### 61° Umabel –ומבאל

Actúa de 20 a 20,20 h. del 21 al 25 de Enero.

***Salmo 113:2. Sea bendito el nombre de YHVH desde ahora y para siempre.***

Ayuda: Obtener la amistad de alguien en particular.

## 62.- Yaehel

## 62° Yaehel –יההאל

Actúa de 20,20 a 20,40h. del 26 al 30 de Enero.

***Salmo 119:159. Mira, oh YHVH, que amo tus mandamientos; vivifícame conforme a tu misericordia.***

Ayuda: Adquirir sabiduría.

## 63.- Anauel

## 63° Anauel –ענואל

Actúa de 21 a 21,20 h. del 31 de Enero al 4 de Febrero.

***Salmo 2:11. Servid a YHVH con temor, y alegraos con temblor.***

Ayuda: Protegerse contra accidentes.

## 64.- Mejiel

**64° Mejiel –מחיאל**

Actúa de 21 a 21,20 h. del 5 al 9 de Febrero.

***Salmo 33:18. He aquí el ojo de YHVH sobre los que le temen, sobre los que esperan en su misericordia.***

Ayuda: Lograr la clemencia divina.

# NOVENO CORO. PRIMER CIELO.

## ESFERA 9 - YESOD: ÁNGELES

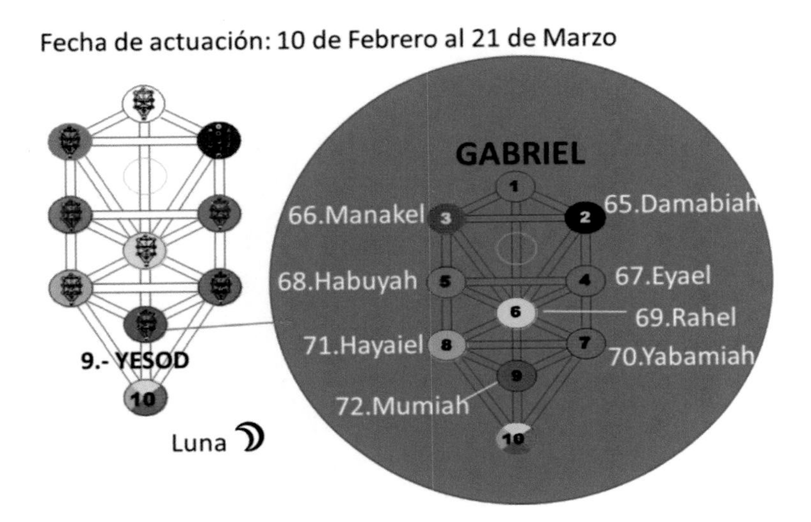


**Los Ángeles.** - Este es el Noveno Coro, del hebreo malakim y del griego: angelos, que quiere decir, mensajero o enviado, es el orden más bajo en la jerarquía de seres celestiales, pero los más reconocidos y cercanos al hombre, su misión principal es la de actuar como intermediarios entre los seres humanos y el Creador, por ello se les conoce como mensajeros de la humanidad. Entre ellos se encuentran los Ángeles Guardianes, ayudan al hombre constantemente en diferentes funciones y hechos de la vida cotidiana. El príncipe regente de esta orden es el Ángel Gabriel.

**GABRIEL. -** Es el noveno en la jerarquía celestial, regente de la novena esfera Yesod, primer cielo. Color lila, blanco.

Los ángeles del primer cielo y noveno coro son:

| Nr. | NOMBRE | GRADOS | SIGNO | FECHA | CICLO DIARIO | NACIONES | PROGRAMA |
|---|---|---|---|---|---|---|---|
| 65. | Damabjah | 21 - 25 | ACUARIO | 10 - 14 Feb | 21:20-21:40 | Gimnosofos | Sabiduría |
| 66. | Manakel | 26 - 30 | ACUARIO | 15 - 19 Feb | 21:40-22:00 | Brahmanes | Conocer el Bien y Mal |
| 67. | Ejael | 0 - 5 | PISCIS | 20 - 24 Feb | 22:00-22:20 | Albanenses | Transmutar |
| 68. | Chabujah | 6 - 10 | PISCIS | 25 Feb - 1 Mar. | 22:20-22:40 | Peloponiense | Curación, Salud |
| 69. | Reahel | 11 - 15 | PISCIS | 2 - 6 Marzo | 22:40-23:00 | Cretenses | Restituir |
| 70. | Jabamjah | 16 - 20 | PISCIS | 7 - 11 Marzo | 23:00-23:20 | Beocianos | Crear |
| 71. | Hajiel | 21 - 25 | PISCIS | 12 a 16 Marzo | 23:20-23:40 | Frigios | Discemir |
| 72. | Mumjah | 26 - 30 | PISCIS | 17 - 21 Marzo | 23:40-24:00 | Tracia | Renacer |

## 65.- Damabiah

### 65° Damabiah –דמביה

Actúa de 21,20 a 21,40 h. del 10 al 14 de Febrero.

***Salmo 90:13. Vuélvete, oh, YHVH; ¿hasta cuándo? Y aplácate para con tus siervos.***

Ayuda: Protección contra brujería, hechicería, sortilegios, etc.

## 66.- Manakel

### 66° Manakel –מנקאל

Actúa de 21,40 a 22 h. del 15 al 19 de Febrero.

***Salmo 38:22. Apresúrate a ayudarme, Oh Señor, mi salvación.***

Ayuda: Frenar, por un tiempo, la justicia divina.

## 67.- Eyael

### 67° Eyael –איעאל

Actúa del 20-24 de Febrero, de 22:00-22:20 h.

***Salmo 37:4. Deléitate asimismo en YHVH, y él te concederá las peticiones de tu corazón.***

Ayuda: Obtener consuelo en las adversidades.

## 68.- Habuhyah

**68º Habuhyah –חבויה**

Actúa 22,20-22,40h. 25 Feb. - 1 Marzo.

***Salmo 106:1. Aleluya. Alabad a YHVH, porque él es bueno; Porque su misericordia es para siempre.***

Ayuda: Curación de enfermedades. Conservar la salud.

## 69.- Rahel

### 69° Rahel –ראהאל

Actúa de 22,40 a 23 h. del 2 al 6 de Marzo.

***Salmo 16:5. YHVH es la porción de mi herencia y de mi copa; Tú sustentas mi suerte.***

Ayuda: Encontrar los objetos perdidos; si han sido robados, reconocer al ladrón.

## 70.- Yabamiah

## 70º Yabamiah –יבמיה

Actúa de 23 a 23,20 h. del 7 al 11 de Marzo.

***Génesis, 1:1. En el principio creó Dios los cielos y la tierra.***

Ayuda: Lograr equilibrio, si se ha roto la armonía con los elementos.

## 71.- Hayaiel

### 71° Hayaiel –הייאל

Actúa de 23,20 a 23,40 h. del 12 a 16 de Marzo.

***Salmo 109:30. Yo alabaré a YHVH en gran manera con mi boca, y en medio de muchos le alabaré.***

Ayuda: Generar confusión en los enemigos.

## 72.- Mumiah

### 72° Mumiah –מומיה

Actúa de 23,40 a 24 h. del 17 al 21 de Marzo.

***Salmo 116:7. Vuelve, oh alma mía, a tu reposo, porque YHVH te ha hecho bien.***

Ayuda: Para que la situación concreta llegue a feliz término.

## SANDALPHON
## REGENTE DE LA TIERRA - MALKUT

## APÉNDICE. SALMOS ASOCIADOS A LOS 72 NOMBRES DE DIOS

**1.- Salmo 3:4**. Mas tú, Señor, eres escudo alrededor de mí; mi gloria, y el que levanta mi cabeza.

**2.- Salmo 22:20**. Mas tú, Señor, no te alejes; fortaleza mía, apresúrate a socorrerme.

**3.- Salmo 91:2**. Diré yo a Señor, esperanza mía, y castillo mío; mi D-ios, en quien confiaré.

**4.- Salmo 34:16**. Los ojos del Señor están sobre los justos, y sus oídos atentos a su clamor.

**5.- Salmo 80:20**. ¡Señor, D-ios de los ejércitos, ¡restáuranos! Resplandece tu rostro, y seremos salvados.

**6.- Salmo 86:3.** Ten misericordia de mí, oh, Señor; porque a ti clamo todo el día.

**7.- Salmo 3:6**. Yo me acosté y dormí, desperté porque Señor me sustentaba.

**8.- Salmo 119:75**. Supe, Señor, que tus juicios son justos, y acepté con fe cuando me afligiste.

**9.- Salmo 88:15**. ¿Por qué, oh, Señor, ¿desechas mi alma? ¿Por qué escondes de mí tu rostro?

**10.- Salmo 88:2.** Oh Señor, D-ios de mi salvación, día y noche clamo delante de ti.

**11.- Salmo 27:13**. Habría desmayado, si no creyera que veré tu bondad Señor en esta tierra.

**12.- Salmo 6:5.** Vuélvete, oh, Señor, libra mi alma; sálvame por tu misericordia.

**13.- Salmo 104:16**. Se llenan de savia los árboles de Señor, los cedros del Líbano que Él plantó.

**14.- Salmo 9:10.** Señor será refugio del pobre, refugio para el tiempo de angustia.

**15.- Salmo 128:4**. He aquí que así será bendecido el hombre que teme a Señor.

**16.- Salmo 10:1**. ¿Por qué estás lejos, oh, Señor, ¿y te escondes en el tiempo de la tribulación?

**17.- Salmo 105:1.** Alabad a Señor, invocad su nombre; haced conocer sus obras en los pueblos.

**18.- Salmo 103:21.** Bendecid a Dios, todos sus ejércitos, sus ministros, que hacéis su voluntad.

**19.- Salmo 40:2**. Pacientemente esperé a Señor, y se inclinó a mí, y oyó mi clamor.

**20.- Salmo 119:108.** Te ruego Señor, que mis palabras te sean agradables, enséñame tus juicios.

**21.- Salmo 18:50.** Por tanto yo te confesaré entre las naciones, oh, Señor, y cantaré tu nombre.

**22.- Salmo 147:11.** Se complace Señor en los que le temen, y los que esperan su misericordia.

**23.- Salmo 118:24.** Este es el día que hizo Señor; gozaremos y nos alegraremos en él.

**24.- Salmo 95:6.** Venid, adoremos y postrémonos; arrodillémonos delante del Señor nuestro Creador.

**25.- Salmo 34:5.** Busqué a Señor, y Él me oyó, y me libró de todos mis temores.

**26.- Salmo 97:1.** El Señor reina; regocíjese la tierra, alégrense las numerosas costas.

**27.- Salmo 140:2.** Líbrame, oh, Señor, del hombre malo; guárdame de hombres violentos.

**28.- Salmo 35:24.** Júzgame conforme a tu justicia, Señor D-ios mío, y no se alegren de mí.

**29.- Salmo 9:12.** Cantad al Señor, que habita en Sion; relatad entre los pueblos sus obras.

**30.- Salmo 7:18.** Alabaré al Señor conforme a su justicia, y cantaré el nombre del Altísimo.

**31.- Salmo 31:15.** Mas yo en ti confío, oh, Señor; yo digo: Tú eres mi D-ios.

**32.- Salmo 116: 4.** Entonces invoqué el nombre del Señor, diciendo: Oh Señor, libra ahora mi alma.

**33.- Salmo 92:6.** ¡Cuán grades son tus obras, oh, Señor! Muy profundos son tus pensamientos.

**34.- Salmo 98:4.** Cantad alegres al Señor, toda la tierra; levantad la voz, aplaudid y cantad salmos.

**35.- Salmo 88:14.** Mas yo a ti he clamado, oh, Señor, y de mañana mi oración se presentará delante de ti.

**36.- Salmo 26:8**. Señor, la habitación de tu casa he amado, y el lugar de la morada de tu gloria.

**37.- Salmo 94:18.** Cuando yo decía: mi pie resbala, tu misericordia, oh, Señor, me sustentaba.

**38.- Salmo 91:9.** Porque has puesto a Señor, que es mi esperanza, al Altísimo por tu habitación.

**39.- Salmo 118:16.** La diestra de Señor es sublime; la diestra de Señor hace valentía.

**40.- Salmo 115:11**. Los que teméis al Señor, confiad en el Señor; Él es vuestra ayuda y vuestro escudo.

**41.- Salmo 120:2.** Libra mi alma, oh, Señor, del labio mentiroso, y de la lengua fraudulenta.

**42.- Salmo 121:7**. Señor te guardará de todo mal; El guardará tu alma.

**43.- Salmo 121:8.** Señor guardará tu salida y tu entrada desde ahora y para siempre.

**44.- Salmo 106:2**. ¿Quién expresará las poderosas obras de Señor? ¿Quién contará sus alabanzas?

**45.- Salmo 33:22**. Sea tu misericordia, oh Señor, sobre nosotros, según esperamos en ti.

**46.- Salmo 38:22.** No me desampares, oh, Señor; D-ios mío, no te alejes de mí.

**47.- Salmo 100:2**. Servid a Señor con alegría; venid ante su presencia con regocijo.

**48.- Salmo 109:30**. Yo alabaré a Señor en gran manera con mi boca, y en medio de muchos le alabaré.

**49.- Salmo 145:3.** Grande es Señor, y digno de suprema alabanza; y su grandeza es inescrutable.

**50.- Salmo 9:2.** Te alabaré, oh, Señor, con todo mi corazón; contaré todas tus maravillas.

**51.- Salmo 104:31.** Sea la gloria de Señor para siempre; alégrese Señor en sus obras.

**52.- Salmo 25:6.** Acuérdate, oh, Señor, de tus piedades y de tus misericordias, que son perpetúas.

**53.- Salmo 33:18**. He aquí el ojo de Señor sobre los que le temen, sobre los que esperan su misericordia.

**54.- Salmo 16:5**. Señor es la porción de mi herencia y de mi copa; Tú sustentas mi suerte.

**55.- Salmo 103:19**. Señor estableció en los cielos su trono, y su reino domina sobre todos.

**56.- Salmo 149:4.** Porque Señor te contentas en tu pueblo; hermosearás a los humildes con la salvación.

**57.- Salmo 145:14.** Sostiene Señor a todos los que caen, y levanta a todos los oprimidos.

**58.- Salmo 113:2.** Sea el nombre de Señor bendito desde ahora y para siempre.

**59.- Salmo 94:22.** Mas Señor fue mi refugio, y mi D-ios la roca de mi amparo.

**60.- Salmo 34:17**. La ira del Señor está sobre los que hacen el mal, para borrar su memoria de la tierra.

**61.- Salmo 8:10.** ¡Oh, Señor, Señor nuestro, ¡Cuán grande es tu nombre en toda la tierra!

**62.- Salmo 24:5**. El recibirá bendiciones de Señor, y justicia del D-ios de Salvación.

**63.- Salmo 37:4.** Deléitate asimismo en el Señor, y él te concederá las peticiones de tu corazón.

**64.- Salmo 30:11.** Oye, oh, Señor, y ten misericordia de mí; Señor, sé tú mi ayuda.

**65.- Salmo 90:13**. Vuélvete, oh, Señor; ¿hasta cuándo? Y apiádate de tus siervos.

**66.- Salmo 87:2.** Ama Señor las puertas de Sion más que todas las moradas de Jacob.

**67.- Salmo 18:47.** Viva Señor, y bendita sea mi roca, y enaltecido sea el D-ios de mi salvación.

**68.- Salmo 132:13.** Porque Señor ha elegido a Sion; la quiso para su morada.

**69.- Salmo 119:145.** Clamé con todo mi corazón; respóndeme, Señor, y guardaré tus estatutos.

**70.- Salmo 145:17**. Justo es Señor en todos sus caminos, y misericordioso en todas sus obras.

**71.- Salmo 121:5.** El Señor es tu protector; el Señor es la sombra a tu diestra.

**72.- Salmo 131:3.** Espera, oh, Israel a Señor, desde ahora y para siempre.

# FIN

## OTROS LIBROS DE SONIA HIDALGO ZURITA

https://www.amazon.de/Arq.-Sonia-Helena-Hidalgo-Zurita/e/B079KSKZNY?ref=dbs_a_def_rwt_hsch_vu00_tu00_p1_i2

| | |
|---|---|
| | LIBRO DEL ÁNGEL RAZIEL<br>Traducción del checo. Recetas salir triunfante.<br>Los nombres de Dios. Las energías celestes.<br>Letras del alfabeto hebreo. Astrología. |
| | EXPLICACIONES DE EZEQUIEL 40<br>Historia de los templos. Templo Ezequiel 40<br>Los atrios. Los portales. El santuario |
| | HISTORIA TEMPLOS DE JERUSALÉN<br>El templo de Salomón<br>Templo restauración. El templo de Herodes<br>Templo de Ezequiel<br>Este libro no ha sido aún publicado. |
| | EL VERDADERO TEMPLO DE SALOMÓN<br>Historia de 3 templos. 1. Reyes y Crónicas<br>Ezequiel - Salomón. Edificios construidos por Salomón.<br>Planos de Newton y otros. |

| | |
|---|---|
| | BEITH HAMIKDASH<br>Historia de 3 templos.<br>Planos existentes<br>Medidas de la Mishnah.<br>Hamikdash hilchos habechirah |
| | EXPLICACIONES DE EZEQUIEL, 41<br>El Santuario<br>El lugar santísimo<br>Los querubines<br>Las cámaras alrededor del templo<br>Edificio detrás del templo |
| | EZEKIEL´S EXPLANATIONS 40. UNDERSTANDING THE FUTURE TEMPLE.<br>English Translation:<br>Explanations of Ezekiel Temple, chapter 40<br>Traduccion al ingles por Daniel Thomas. |
| | ARQUITECTURA DIVINA<br>Sepher Yetzirah<br>Las letras hebreas<br>Los nombres de Dios<br>Los cuerpos celestes<br>Las constelaciones<br>. |

| | |
|---|---|
| | EL TELESCOPIO DE ZOROASTRO<br>En este libro se explica las verdaderas bases de la Cábala, los Ángeles, nombres de Estrellas, inteligencias, la manera de profetizar. Este manual es un instrumento para ver a través del tiempo. El libro fue traducido por Sonia Hidalgo del checo al español. |
| | MAGIA NATURAL DEL DR. JOHANNES FAUSTUS: el triple sometimiento del infierno. Es un verdadero tesoro de la literatura antigua. El Dr. Johannes Faust habla con su famoso fantasma Mephistofeles y le hace preguntas sobre el averno. Él le da toda la información sobre los nombres de los demonios. Este libro fue traducido por Sonia Hidalgo del alemán antiguo al español. |
| | VI Y VII LIBRO DE MOISÉS<br>Nos relata la historia de la salida de los judíos de Egipto y todas las tribulaciones que sufrieron hasta que faraón los dejara ir. Con muchas ilustraciones en color negro y rojo, contiene las letras hebreas, los sellos que Moisés usó para conjurar varias plagas y para deshacerlas, así como los conjuros de los magos egipcios. Este libro fue traducido por Sonia Hidalgo del alemán antiguo al español. |
| | LOS SECRETOS DEL CIELO<br>Los programas de los 72 ángeles para las moradas filosofales en el que se hace un profundo estudio sobre las jerarquías angelicales, el origen y ubicación de estos en el cosmos, plegarias y exortos de cada ángel. |

**INFORMACION Y CONTACTO:**

**PayPal para pagos o donaciones:**
soniahidalgoz@gmail.com

**REDES SOCIALES:**

**Amazon:** https://www.amazon.de/Arq.-Sonia-Helena-Hidalgo-Zurita/e/B079KSKZNY?ref=dbs_a_def_rwt_hsch_vu00_tu00_p1_i2

**Facebook:**

https://www.facebook.com/Constructores.del.templo.de.Ezequiel/

https://www.facebook.com/groups/Constructoresdeltemplo/

**YouTube:**

https://www.youtube.com/channel/UCRB5e5eIRxUMjt6h44I_qGA

**Etsy**

https://www.etsy.com/es/shop/Arkaviva

**cgtrader**

https://www.cgtrader.com/sonia-hidalgo-z

Made in the USA
Las Vegas, NV
03 February 2024